NOTICE

SUR

LA MAISON D'HUART

TITRÉE

Comte de TEUTWERT, baron d'HUART et de JAMOIGNE
chevalier héréditaire du Saint-Empire

(BRANCHE DEVENUE FRANÇAISE)

POITIERS

IMPRIMERIE-LIBRAIRIE E. MARCHE

RUE GAMBETTA

—

1898

NOTICE

SUR

LA MAISON D'HUART

TITRÉE

Comte de Teutwert, baron d'Huart et de Jamoigne
chevalier héréditaire du Saint-Empire

(BRANCHE DEVENUE FRANÇAISE)

POITIERS

IMPRIMERIE-LIBRAIRIE E. MARCHE

RUE GAMBETTA

1898

PRÉFACE

Cette rapide notice vise particulièrement la branche de la Maison devenue française, puisqu'elle est *en ligne directe* le résumé historique de la vie des grands-pères du Baron Guisbert d'Huart, ancien préfet, et s'arrête avec celui-ci.

J'y ait joint « un résumé des Illustrations de toute la Maison » et des « Notes sur quelques-unes des alliances connues de la ligne directe ».

Je n'ai souvent fait que copier fidèlement des passages des ouvrages laissés par le *Baron Emmanuel d'Huart* et imprimés à Metz en 1850, et de l'*Histoire de la Baronnie de Jamoigne et de ses seigneurs,* par le docteur *Aug. Neyen,* imprimée à Luxembourg en 1842. Les numéros qui précèdent le nom de chaque personnage de cette notice sont ceux qui permettent de les retrouver sur la *Carte généalogique de la chevaleresque, ancienne et militaire Maison d'Huart* dressée par Aug. Neyen dans l'ouvrage déjà cité.

Pour ce qui concerne le baron Guisbert d'Huart, je me suis servi du discours prononcé sur sa tombe par le marquis d'Auray, et du « Journal » écrit au jour le jour de la main du Baron d'Huart.

Si tous ceux qui liront ces lignes peuvent y puiser

des motifs d'émulation pour imiter les héros auxquels elles sont consacrées, les descendants de ces héros y trouveront sûrement assez d'élan pour les suivre, car « *qui songe à ses ayeux est loin d'en déroger* ».

MAISON D'HUART

Comte de Teutwert, baron d'HUART et de JAMOIGNE, chevalier héréditaire du Saint-Empire.

Armes. D'argent à un houx de sinople à cinq feuilles, fruité de gueules et issant de cinq flammes de même. L'écu timbré d'un casque de face, à sept grilles, orné d'une couronne royale (concession faite par l'empereur Mathias, le 13 septembre 1613, en créant chevaliers héréditaires du Saint-Empire : Jean-Gaspard, Jean et Jean Rémacle d'Huart (7ᵉ degré) et de lambrequins argent et gueules. Pour cimier le houx de sinople des armes issant de cinq flammes de gueules, accompagnées de 2 trompes coupées argent et gueules à 3 flammes essortantes.

Devise : Mon cœur comme mon houx arde.

La Maison d'Huart ou de Houard, tire son nom du fief de Houart, Ouxhar ou Ouhar, à quelques lieues du castel de Grimbiéville, situé dans le nord du Luxembourg. (Voir Bertholet, *Histoire du Luxembourg*, liste des hommes illustres, tome VIII, page 192, édition de 1762.)

La famille d'Huart, ancienne maison de nom et d'armes, distinguée dans les lettres, la diplomatie, la robe et l'épée, a longtemps possédé les fiefs de Grimbiéville, Grimbiémont, de Lierneux, d'Ouffigny, d'Habiémont, d'Herbouval, d'Autel, de Kœrich, de Rédange, de Bertrange, etc., et s'est constamment alliée aux premières maisons du duché de Luxembourg.

Les plus anciens titres *certains* de famille, de même que les documents historiques consultés par le docteur

Aug. Neyen, membre effectif de la Société royale grand'-ducale pour la recherche et conservation des monuments historiques dans le pays de Luxembourg, remontent à la date de la bataille de Crécy, 26 août 1346, où nous voyons figurer avec honneur au nombre des cinquante preux chevaliers luxembourgeois du bon roi Jean l'Aveugle, REINHAR DE HOUAR, seigneur de Grimbiémont, et mourir avec son prince et son suzerain. La généalogie de cette maison ne peut donc commencer qu'à partir de ce personnage.

Ier DEGRÉ

REINHAR D'HUART, chevalier, sire de Grimbiémont, succomba à Crécy sous la bannière de Jean l'Aveugle, roi de Bohême et comte du Luxembourg.

IIe AU VIe DEGRÉ

N. D'HUART (2e degré), sgr de Grimbiémont, père de N. d'Huart qui suit.

N. D'HUART (3e degré), sire de Grimbiémont, rappelé dans un décret de Philippe IV, roi d'Espagne, 16 juillet 1632. Il fut le père de Jean-Nicolas d'Huart.

JEAN-NICOLAS D'HUART (4e degré), naquit vers 1434, est rappelé dans le décret déjà cité, dans l'*Histoire générale des Saint-Mauris Châtenois.* Il épousa Marguerite de Waha et en eut deux enfants.

·1. — COLINET D'HUART (5e degré) naquit vers 1474. Il épousa Catherine de Versale-Denal et en eut deux enfants.

1. — RÉMACLE D'HUART (6e degré) naquit au château

de Wanne en 1537 et mourut à Luxembourg en 1613. Il avait épousé, le 20 mars 1578, Barbe Brenner de Nalbach, et eut de son mariage treize enfants dont Jean-Gaspard d'Huart qui suit.

VIIe DEGRÉ

1. — JEAN-GASPARD D'HUART, fils aîné de Rémacle et de Barbe Brenner de Nalbach, fut sgr de Berg, etc. Il naquit à Luxembourg le 29 mars 1579. Bertholet de même que les *Viri illustres* l'ont placé au rang des illustrations luxembourgeoises.

Reçu à 21 ans docteur en droit, il passa successivement : conseiller au conseil provincial du Luxembourg, maître aux requêtes et conseiller au Grand Conseil à Malines (1626), enfin président du conseil provincial de Luxembourg (1632). Par diplôme donné à Ratisbonne, le 13 septembre 1613, il fut créé chevalier héréditaire du Saint-Empire, et cela « tant en considération de ses signalés services et notables exploits de ses pères, que de sa noble et ancienne origine. » (Manuscrit Blanchard.) La cour de Madrid le nomma, en 1630, député résidant à la diète de l'Empire et le chargea par dépêches datées de Bruxelles les 14 janvier, 14 février et 9 et 20 mai, de missions diplomatiques près des archevêques électeurs de Mayence et de Cologne, du duc de Neubourg, de l'abbé de Fulde et des évêques de Worms, Osnabruck et Wurtzbourg.

Jean-Gaspard d'Huart épousa, le 10 février 1609, Hélène de Cymont, fille de Gérard de Cymont et de Marguerite de Waha. Il mourut en 1633.

Son frère JEAN d'Huart, né en 1591, fut créé chevalier héréditaire du Saint-Empire en même temps que lui. « Nommé secrétaire assistant, et Secrétaire d'Etat pour les affaires d'Allemagne et du Nord, Jean d'Huart fut, sous le gouvernement de l'Infante devenue veuve, ce qu'avait été Fleckammer sous l'archiduc Albert. Les documents de son temps marquent une des époques les plus brillantes de la secrétairerie allemande. C'était avec les princes les plus distingués du temps, ainsi qu'avec les Wallenstein, les Picolomini, les Tilly que correspondait d'Huart, et il ne manquait pas à sa tâche. » (*Dr. Coremas*, travail sur la *Secrétairerie d'Etat*, publié en 1842.)

VIIIe DEGRÉ

5. — CHARLES-GASPARD d'Huart, fils de Jean-Gaspard d'Huart, qui précède, naquit à Luxembourg le 4 novembre 1620. Il épousa sa cousine, Jeanne-Marguerite d'Huart, et en eut vingt-trois enfants, dont quinze fils et huit filles. Les noms de dix-neuf de ces enfants ont été retrouvés : onze fils furent officiers aux Gardes Wallonnes, en Espagne, et huit d'entre eux restèrent sur le champ de bataille à la victoire d'Almanza, 25 avril 1707.

IXe DEGRÉ

7. — GÉRARD-MATHIAS d'Huart, fils de Charles-Gaspard d'Huart (8e degré) fut chevalier-baron, sgr d'Autel, des Bulles, de la baronnie de Jamoigne, etc.,

créé baron de son nom, le 19 juillet 1709, par lettres patentes données à Madrid. Mis au rang des illustrations luxembourgeoises par Bertholet, il naquit au château d'Hébrouval le 2 février 1681.

Nommé cornette de la compagnie que son frère commandait au régiment de Manderscheid, cavalerie, il passa comme celui-ci au service de l'Espagne à l'avènement de Philippe V, et fut fait, le 25 octobre 1703, aide-major du deuxième bataillon des Gardes Wallonnes, et telles furent les capacités militaires qu'il déploya dans les campagnes de 1704, 1705 et 1706, que le Roi l'éleva au grade de brigadier de ses armées ; il n'avait pas 30 ans. Le jeune officier général combattit à la bataille d'Almanza où furent tués huit de ses frères.

Ayant contribué à la prise de Lérida, l'écueil des plus grands capitaines, et à celle de Tartase, réputée imprenable, le brigadier d'Huart fut nommé gouverneur de Monçon. A peine y était-il installé que l'Archiduc parut sous les murs, sommant le baron d'Huart de lui ouvrir les portes, sinon le menaçant de le faire pendre sur la brèche. D'Huart répondit que pour le pendre il fallait le prendre ; et profitant d'une absence de l'Archiduc, fit pointer ses canons sur la tente archiducale qu'il abattit immédiatement. Puis à son tour il somma l'Archiduc de se retirer pour éviter le sort de sa tente ; et accompagnant sa notification de violentes sorties, força l'Archiduc à décamper non sans lui tailler son arrière-garde. Un renfort permit au brigadier d'Huart de refouler un corps autrichien sur le camp retranché de Balaguière, occupé par le comte de Staremberg. Staremberg opposa le général Stanhope au brigadier d'Huart ; mais ce dernier le talonna de si près qu'il ne put rien exécuter. Des succès rapides et multipliés le mirent en échec complet. Le brevet de maréchal de camp récompensa d'aussi éclatants services (16 mars 1711).

De nouveaux renforts lui permirent de s'emparer de Caufrancs, jusqu'alors le repaire des miquelets, et d'en délivrer enfin l'Aragon et la Castille.

Chargé, en 1713, de couvrir le siège de Barcelone, il s'en acquitta avec un courage et une intelligence dont les relations du temps font mention. Employé à l'expédition de Sicile, il prit part à la victoire de Villafranca, aux sièges de Castellamare et de Messine et fut fait, le 5 juin 1718, *lieutenant général des armées d'Espagne, commandant général du Lampourdan, gouverneur militaire et politique de Girone.*

L'année suivante, Philippe V lui confia un commandement dans la guerre contre la France et qui fut terminée par le traité de Madrid.

Une nouvelle carrière s'ouvre alors pour le baron d'Huart : sous son administration la province de Girone produit des merveilles en agriculture et l'industrie catalane devient proverbiale.

Investi de la confiance de son royal maître aux conférences de Figuières, il y déploya une courtoise dignité qui est du domaine de l'histoire.

Son hospitalité prit quelques mois plus tard un caractère de générosité chevaleresque dans la noble réception qu'il fit à Girone à l'ambassadeur extraordinaire du prince qui avait voulu le faire pendre.

Le journal de Verdun, année 1726, se plaît à la décrire.

Cet officier général, si brillant dans les combats, si sage dans les conseils, si courtois dans les salons de son hôtel, était dans sa vie privée un modèle des vertus chrétiennes. Il avait épousé à Luxembourg Marie-Barbe de Martini, dont il eut deux fils qui embrassèrent la carrière des armes. La lettre qu'il écrivit à l'aîné en lui annonçant sa nomination d'officier aux Gardes Wallonnes, révèle une âme dont la piété et l'honneur occupaient les *advenues.* Voici cette belle lettre :

« Girone, 7 juillet 1725.

«.... Je vous apprends que M. le marquis de Risbourg vous destine un drapeau aux Gardes Wallonnes... gravez dans votre cœur les paroles suivantes et vous ne vous écarterez jamais de vos devoirs envers Dieu et envers les hommes.

« Ne laissez pas surprendre votre cœur par le poison de la flatterie, qui se glisse insensiblement dans le cœur de l'homme et en occupe toutes les advenues, surtout dans un cœur tendre et nouveau comme le vostre.

« Confiez-vous à Dieu et le priez souvent, surtout matin et soir; que rien ne vous en détourne et que vos prières soient courtes et sincères. Evitez les occasions d'offenser le Seigneur. Ne cherchez point à paraître scavant; soyez humble en toutes vos actions et ne vous applaudissez jamais vous-même. Ne parlez pas beaucoup dans la crainte de vous attirer le mépris, mais que votre conversation soit modeste; surtout n'interrompez jamais personne en son discours, c'est

une impolitesse qui a été blâmée de tout temps. Ne soyez pas opiniâtre dans vos sentiments; cédez à vos supérieurs et aux dames sans contradiction. Soutenez votre sentiment avec douceur, honnêteté et politesse quand vous conversez avec vos égaux ou vos inférieurs.

« Aymez et respectez votre ami lorsque vous serez assuré d'avoir un ami fidèle; gardez religieusement son secret, et surtout celui dont dépend le service du maître. Ne vous livrez pas facilement à des personnes que vous ne connaissez pas et soyez réservé à leur faire des confidences. Respectez vos supérieurs et ménagez vos égaux. Soyez gracieux et obligeant envers vos inférieurs, et fuyez l'ingratitude comme un vice indigne d'un honnête homme. Mêlez-vous de vos affaires sans trouver à redire à celles des autres. Ne différez jamais ce que vous devez exécuter. Soyez miséricordieux envers les pauvres. Ne murmurez pas contre les dispositions du prince duquel vous êtes sujet, ni contre les ordres des supérieurs desquels vous dépendez. Soyez content de votre sort dans le moment présent, et ne cherchez à vous avancer en biens et en honneurs que par des voies légitimes. Fuyez le mensonge qui vous déshonore au monde; fuyez le scandale, l'hypocrisie et surtout l'ivrognerie qui abrutit l'homme, le fait mépriser et le pousse à commettre toutes sortes de crimes.

« Soyez honnête, poli et gracieux avec chacun; rendez le salut avec attention, soyez même le premier à saluer. Évitez la raillerie piquante qui expose à des affaires dangereuses; ne cherchez querelle à personne; *mais si quelque indiscret vous insulte et que le cas en vaille*

la peine, souvenez-vous de ne point vous déshonorer.
Tâchez de remplir votre devoir en quelque état que vous
vous trouviez. Ne soyez point paresseux et cherchez à
vous instruire de tout ce qu'il faut qu'un honnête
homme sache. Ne soyez point rapporteur que lorsque
le service de Dieu ou celui du roi y seront intéressés.
Fuyez les jeux de hasard ; ne jouez jamais sur parole ;
fuyez les femmes mondaines qui vous plongent dans
des désordres affreux du corps et de l'âme. Ayez de la
douceur et de la modération envers vos domestiques ;
ne leur faites jamais de confidences ; ne les frappez
point ; congédiez-les plutôt que de les reprendre avec
aigreur, et n'écoutez leurs rapports qu'autant qu'ils
seraient utiles à maintenir la paix dans votre maison.

« Fuyez le jurement comme un vice de perdition. N'en-
trez jamais dans une maison infâme. Ne vous piquez
pas par des discours indiscrets à vouloir paraître ne
pas avoir de religion, c'est le caractère d'un sectaire qui
vous fait mépriser en ce monde et vous damne dans
l'autre. Conversez toujours avec des personnes au-
dessus de vous, ou au moins avec vos égaux, sans dé-
daigner pour cela vos inférieurs.

« Observez religieusement les préceptes de l'Église ;
aussi lorsque vous assistez au saint sacrifice de la messe
ou à la célébration des autres mystères de notre foi,
soyez attentif sans regarder autour de vous. Ne parlez
jamais dans le lieu saint sans nécessité absolue ; songez
qu'il vaut mieux ne rester qu'un quart d'heure dévote-
ment dans le temple de Dieu, qu'une heure scandalisant
un chacun. Que la crainte de Dieu soit toujours votre
guide ; souvenez-vous que vous mourrez un jour, et

qu'en ce moment terrible vous souhaiterez avoir accompli cette maxime du sage : *Initium sapientiæ timor Domini ;* et cette autre qui renferme toute la loi : *Ne faites pas à autrui ce que vous ne voulez pas qu'on vous fasse.*

« Voilà, mon cher fils, ce que j'avais à vous dire, puisque vous êtes sorti de l'enfance et entré dans une vie nouvelle. J'espère que vous serez toujours tel que votre chère mère et moi le souhaitons ; nous en demandons instamment la grâce au Seigneur, en le priant de vous accorder de longues et heureuses années, car nous vous aimons bien tendrement. »

Le lieutenant général des armées d'Espagne, baron d'Huart, mourut à Madrid après 48 heures de maladie, le 24 mars 1730. Il mourut comme il avait vécu, sans peur et sans reproche, plein de foi et d'espérance en Dieu. Son corps, réclamé par ses administrés, *fut inhumé dans l'église cathédrale de Girone, sous un magnifique monument en marbre blanc* élevé aux frais de la province.

Sa veuve se retira au château de Jamoigne où elle mourut en 1738. De leur mariage naquirent sept enfants, dont Jean-François-Henri-Gérard, qui suit.

Xᵉ DEGRÉ

10. — JEAN-FRANÇOIS-HENRI-GÉRARD, chevalier-baron d'Huart et de Jamoigne, seigneur de ce lieu, des Bulles, de Bertrange, de Rhodange, des deux Sosnes, de Dockendorf, etc., naquit à Luxembourg, le 6 novembre 1712, et obtint à l'âge de quatorze ans un

drapeau aux Gardes Wallonnes. Il franchit rapidement les grades inférieurs, et reçut à sa rentrée en Espagne le commandement d'une compagnie avec le brevet de colonel propriétaire du régiment de la Reine.

La guerre ayant éclaté en 1741, il fut nommé major des Gardes Wallonnes, et combattit à la surprise de Velletri. Dans cette sanglante échauffourée, le roi de Naples don Carlos, depuis Charles III d'Espagne, lui dut sinon la vie, la liberté. Elevé aux fonctions d'adjudant-major général (1744), puis à celles de major général (1746), il a laissé sur les succès et sur les revers de l'armée d'Espagne en Italie des notes du plus haut intérêt historique, qui ont été imprimées à Bruxelles en 1848 et réimprimées à Metz en 1850, sous le titre de *Souvenirs de famille*.

Tandis qu'au delà des Alpes il soutenait l'honneur du nom, une rancune monacale le dépouillait dans le duché de Luxembourg d'une partie de la baronnie de Jamoigne. Il profita de son retour forcé en Luxembourg pour aller voir au château de Burgesh (Lorraine) son ancien capitaine de Haën. Il y vit sa nièce, Anne-Marie-Camille de Villers, fille du marquis de Villers, comte de Grignoncourt, chevalier de Saint-Louis, et de Marie baronne de Haën. Il l'épousa le 17 février 1751 au château d'Everlange, renonça à sa carrière déjà si brillante, et se fixa au château de la Sauvage (duché de Luxembourg).

La baronne d'Huart mourut en 1772, le baron d'Huart en 1781 : ils reposent tous deux dans le chœur de l'église paroissiale d'Oberkorn sous une tombe armoriée.

XI° DEGRÉ

10. —. CHARLES-ELISABETH-JOSEPH, chevalier-baron D'HUART, sgr de la Sauvage, des deux Sosnes, de Bonneval, etc., *chef de la branche de sa maison devenue française,* naquit au château de la Sauvage le 4 janvier 1756. Jeune, beau, brave, spirituel, colonel aux Gardes Wallonnes à dix-neuf ans, il semblait appelé à un brillant avenir militaire, quand un duel brisa sa carrière. On trouve quelques détails sur cette affaire d'honneur dans une requête adressée au roi d'Espagne le 10 janvier 1780.

Rappelé dans le duché de Luxembourg par la mort de son père, il épousa, le 1er septembre 1789, Olympe-Louise-Séraphine, comtesse de SAINT-MAURIS-CHATENOIS, dame de Bonneval, fille d'Ardouin-Alexandre, comte de Saint-Mauris-Châtenois, chevalier de Malte et de Saint-Louis, capitaine, et de Blanche-Justine-Charlotte-Marie d'Eshierres.

Pendant la Révolution de 89, le baron d'Huart entra dans l'armée de la coalition, fut détaché par le roi de France Louis XVIII, qui le reçut avec une haute distinction, près du roi de Prusse Frédéric-Charles II. Il n'hésita pas d'ouvrir ses forges de la Sauvage et d'Herserange à la coalition, qui y puisa une valeur de 45000 francs, encore dus à sa succession.

Après la retraite de Champagne et la dissolution de l'armée des Princes, il se retira en Luxembourg, et ne rentra dans ses propriétés que le 27 juillet 1795.

Appelé au service de l'Empire pour servir dans la guerre contre l'Espagne, et cela en raison de son ancien grade aux Gardes Wallonnes, il s'y refusa, fidèle à ses convictions politiques, et devint suspect. Désigné plus tard au nombre de ceux qui devaient complimenter l'Empereur sur son mariage avec l'archiduchesse Marie-Louise, il refusa encore, et fut pour ce motif mis sous la surveillance de la haute police.

Le baron d'Huart mourut le 27 juin 1812 et sa femme lui survécut de dix ans. Ils reposent au cimetière paroissial d'Oberkorn où l'on voit leur épitaphe à gauche de la porte de l'église.

Le frère du baron Charles-Elisabeth-Joseph d'Huart, Henri-Joseph-Eloy, fut l'auteur de la branche dite de Jamoigne. Chevalier du Saint-Empire et du Lion de Belgique, lieutenant-colonel de cavalerie au service des Pays-Bas, il épousa Philippine de Patoul, dont il eut trois fils.

L'un d'eux, Edouard-Dominique-Marie-Joseph, dit d'Othaine (XIIe degré), est compris parmi les illustrations de son nom (*Biographie générale des Belges,* Bruxelles, 1849). Décoré de la Croix de fer de Belgique, chevalier du Saint-Empire, commandeur de l'ordre de Léopold, grand-croix de l'Ordre de la branche Ernestine de Saxe, ancien membre du Congrès national et de la Chambre des Représentations de Belgique, ministre des finances de ce royaume de 1834 à 1839, nommé ministre d'Etat en 1845 et gouverneur de la province de Namur jusqu'en 1847. Né en 1800, il épousa, en 1835 Dame Annette de Montpellier.

Revenons au baron Charles-Elisabeth-Joseph d'Huart. Il laissa de son mariage :

1° LOUIS-GÉRARD-JOSEPH-EMMANUEL, baron d'Huart (xiiᵉ degré), chevalier du Saint-Empire et d'Isabelle la Catholique d'Espagne, né au château de la Sauvage le 10 août 1795. Naturalisé Français le 25 septembre 1816, nommé en 1817 capitaine-lieutenant au 6ᵉ régiment d'infanterie de la Garde royale. Des intérêts de famille le firent renoncer à l'activité. Il épousa, le 15 septembre 1818, noble et illustre demoiselle Marie-Emile-Julie, comtesse de Béthune-Saint-Venant, fille unique de Louis-Philippe-Eugène, comte de Béthune-Saint-Venant, et de Julie-Alexandrine-Françoise, marquise de Raulin de Belval. Il eut de son mariage quatre fils dont l'un, CHARLES-PHILIPPE-HERCULE, chevalier-baron d'Huart, cᵗ d'artillerie sorti de l'École Polytechnique, fut tué en 1870 sous les murs de Strasbourg. Par ordre du jour, le bastion dont il avait le commandement (ixᵉ) fut appelé Bastion d'Huart.

2° VICTOR - PHILIPPE - AUGUSTE - WALBURGE-JOSEPH, chevalier-baron d'Huart, qui suit (xiiᵉ degré).

3° EUGÈNE-LOUIS-JOSEPH, chevalier-baron d'Huart.

4° ANNE-PHILIPPINE-MARIE-JOSÈPHE, baronne d'Huart, mariée le 9 septembre 1809 à Pierre-Hercule-François, comte de Serre, chevalier commandeur des Ordres du roi, mort à Naples le 11 juillet 1824, ambassadeur de France près de la cour des Deux-Siciles, laissant un fils et trois filles. Le comte de Serre a été une puissance parlementaire. «On ne pourrait le comparer qu'à Berryer, si Berryer était comparable à quelque autre » (M. de Cormenin).

XIIᵉ DEGRÉ

11. — VICTOR-PHILIPPE-AUGUSTE-WAL-BURGE-JOSEPH, baron d'Huart, chevalier du Saint-Empire, de la Légion d'honneur et de Saint-Ferdinand d'Espagne, fils du précédent (xiᵉ degré), naquit le 12 juillet 1800 au château de la Sauvage. Entré en 1818 au service du roi des Pays-Bas, il passa en 1820 à celui de la France où il fut nommé lieutenant à la légion du Bas-Rhin, depuis 34ᵉ régiment d'infanterie de ligne. Il fit la campagne d'Espagne en 1823 et prit part à la brillante affaire du Trocadéro. Breveté capitaine en 1825 et fait capitaine-lieutenant au 5ᵉ régiment de la Garde royale, il permuta avec un capitaine-lieutenant de chasseurs à cheval de la même garde, et fut un des *seize officiers* qui accompagnèrent le roi Charles X jusque sur la rade de Cherbourg. Il brisa son épée, et épousa à Metz, le 20 mars 1831, Françoise-Adèle, comtesse de Bony-Lavergne, fille de Ferdinand-Ernest, comte de Bony-Lavergne, et d'Adrienne Blaise de Rozérieulle. La baronne Victor d'Huart est morte au château de Boulay, près de Metz, le 10 octobre 1839, et le baron d'Huart à celui de Bétange le 8 août 1840. Ils reposent tous deux

dans le cimetière paroissial de Boulay, sous un monument à leurs armes. Ils ont laissé de leur mariage :

1° JEAN-JULES-ADRIEN-GUISBERT, chevalier baron D'HUART, qui suit.

2° LOUISE-EMMANUELLE-MÉLANIE, baronne D'HUART, qui vit encore et réside à Paris.

XIIIe DEGRÉ

18. — JEAN-JULES-ADRIEN-GUISBERT, chevalier baron D'HUART, de Boulay, chevalier du Saint-Empire, chevalier de la Légion d'honneur, ancien préfet et directeur politique du *Journal de Chartres*, fils de Victor - Philippe - Auguste - Walburge - Joseph, baron d'HUART, qui précède, naquit à Metz le 6 octobre 1835. Ses quartiers sont :

1. d'Huart. — 2. Martini. — 3. Villers. — 4. Haën. — 5. Saint-Mauris. — 6. Lallemand. — 7. Eschierres. — 8. Agoult. — 9. Bony-Lavergne. — 10. Creusetret-de-Brougnac-de-Farges. — 11. Goujon. — 12. Bony-Lavergne. — 13. Blaise de Rozérieulle. — 14. Roger de Chény. — 15. Georges de Slancourt. — 16. Le comte d'Humbepaire.

Dans ses premières années, le baron Guisbert d'Huart étudia l'histoire, déchiffra les chartes, travailla des notices généalogiques, et reçut les suffrages des sociétés savantes. Il vint à Paris en 1861 avec une réputation d'homme érudit à Metz et dans le duché de Luxembourg. Il entra en 1862 dans l'Administration centrale des finances, y fut remarqué pour son exactitude à remplir les exigences du devoir professionnel, et n'abandonna pas pour cela ses « chères études récréatives ». Ayant suivi en 1870 la Trésorerie de l'armée du Rhin, il fut nommé secrétaire général à Mâcon, changeant ainsi de carrière pour se tourner vers l'Administration. Son avancement fut rapide ; il fut nommé sous-préfet de Saint-Malo, préfet de Bar-le-Duc en 1875, et occupa successivement les postes de Bourg et de la Rochelle. Après avoir hésité le 16 mai, il ne démissionna pas pour ne pas se séparer du ministère de Broglie. Mais il n'hésita pas le 19 décembre 1877, par égard pour le maréchal de Mac-Mahon, et rentra dans la vie privée.

Le baron d'Huart avait épousé à Poitiers, le 5 mai 1874, noble et vertueuse demoiselle Thérèse-Antoinette, vicomtesse Laurens de la Besge, fille de Emile-Joseph-Prosper, vicomte Laurens de la Besge, doyen des veneurs de France, commandant des éclaireurs de la Vienne en 1870, et de noble dame Herminie-Emeraude de Siredey de Préfort.

Après sa démission, il se retira au château de Persac et mit son temps à la disposition des siens, faisant lui-même l'éducation de ses fils. Il fit des études historiques sur la Marche de Poitou, et la Société des Antiquaires de l'Ouest voulut lui rendre un éclatant hommage en ajoutant aux archives du Poitou, et par scrutin du 6 janvier 1889, son travail « Persac et la Châtellenie de Calais ».

Il prit en 1888 la direction politique du *Journal de Chartres*. Dans cette existence nouvelle il sut gagner l'admiration et l'estime de tous, même de ses ennemis, et Mgr le comte de Paris sut reconnaître sa fidélité, son dévouement intelligent, son puissant labeur pour la cause monarchique. C'est en combattant qu'il mourut le 22 janvier 1891, enlevé par une brusque maladie. Un service eut lieu à l'église cathédrale de Chartres, mais c'est à l'église de Persac qu'eut lieu la dernière cérémonie. Le baron d'Huart repose à Persac dans le cimetière paroissial. Il laisse de son mariage :

1° ANNE - MARIE - JOSEPH · CHARLES - EMILE-JEAN, chevalier-baron d'HUART (xive degré), chevalier du Saint-Empire, ancien élève de l'École Polytechnique, actuellement sous-lieutenant d'artillerie à l'École d'application de Fontainebleau, né le 15 mars 1875 à Saint-Malo.

2° GUISBERT-LOUIS-CHARLES-MARIE-JOSEPH, chevalier-baron D'HUART, né à Bar-le-Duc le 15 avril 1876.

3° FRANÇOIS-LÉONOR-MARIE-JOSEPH, chevalier-baron D'HUART, né à Persac le 27 mai 1878.

————— ✠ —————

RÉSUMÉ DES ILLUSTRATIONS

La famille d'Huart est non seulement distinguée par sa noble origine et ses belles alliances, mais par les services qu'elle a rendus et les hautes positions qu'elle a occupées dans les armes, dans la magistrature, dans la diplomatie et dans le gouvernement d'Etat.

L'*Histoire du duché de Luxembourg* par le père Bertholet, les *Viri illustres luxemburgenses*, et la *Biographie générale des Belges* (Bruxelles, 1849) ont enregistré sept illustrations de son nom, savoir :

1. — Jean Gaspard d'Huart, chevalier, président du conseil de S. M. C. à Luxembourg (7e degré).

2. — Jean d'Huart, chevalier, secrétaire d'Etat de l'Infante Isabelle, gouvernante des Pays-Bas (7e degré).

3. — Rémacle d'Huart, chanoine de Saint-Pierre à Mayence et député aux diètes de l'Empire (7e degré).

4. — Ignace d'Huart, chanoine prémontré, célèbre par les ouvrages de littérature qu'il a publiés (9e degré).

5. — Gérard Mathias, chevalier-baron d'Huart, lieutenant général des armées d'Espagne (9e degré).

6. — Henry, chevalier-baron d'Huart, major général des armées d'Espagne (10e degré).

7. — Edouard, chevalier-baron d'Huart, ministre de Léopold Ier, roi des Belges (12e degré).

NOTES

WAHA.

De gueules à l'aigle d'hermine aux ailes éployées.

Famille de haute noblesse et d'origine comtale. Elle a pour auteur Boëmont, vivant en 1103 et marié à Béatrix de la Roche, qui était fils du comte de Duras, et sa belle-sœur était fille de la sœur de Godefroy de Bouillon, roi de Jérusalem.

Nicolas d'Huart (4e degré) épousa Marguerite de Waha.

VILLERS.

De gueules à 3 étoiles d'argent en bande, accompagnées de 2 cottices de même.

Famille de haute noblesse et d'ancienne chevalerie du comté de Bourgogne, très grandement alliée, titrée de marquis, de comte et de baron, jurée à Remiremont, à Saint-Georges et à Malte.

Jean d'Huart (10e degré) épousa Anne-Marie-Camille, marquise de Villers.

SAINT-MAURIS-CHATENOIS.

De sable à deux fasces d'argent.

Famille de haute noblesse et d'ancienne chevalerie du comté de Bourgogne, très grandement alliée, titrée de marquis, cómte et baron, jurée à Remiremont, Saint-Georges et de Malte ; admise aux honneurs de la cour de France en 1787 et élevée à la pairie en 1827. Elle a pour premier auteur connu Richard, sire de Saint-Mauris, vivant en 1060, et marié à Adeline de Montjoye.

Charles-Elisabeth-Joseph, baron d'Huart (11e degré), épousa (1789) Olympe-Louise-Séraphine, comtesse de Saint-Mauris. — Le marquis de Saint-Mauris servit de témoin au baron Guisbert d'Huart (13e degré) lors de son mariage avec Mlle de la Besge.

BÉTHUNE.

D'argent à la fasce de gueules.

L'Artois fut le berceau de cette famille illustre, et Robert Ier la souche de cette grande descendance qui poussa de si glorieux rameaux (cf. *Illustrations de la noblesse européenne*, Paris, 1848). Elle s'illustra en Asie, en Afrique, en Europe, et eut pour fleuron Maximilien de Béthune, duc de Sully, pair et maréchal de France, prince-souverain de Henrichmont, etc.

La terre et le nom de Sully ont été légués, au commencement de ce siècle, à Marie-Louis-Eugène, comte de Béthune-Saint-Venant, marié le 1er juin 1808 à Anne-Albertine-Joseph-Marie de Montmorency-Luxem-

BOURG. Le comte de Béthune-Saint-Venant est mort en 1812 laissant deux fils, dont l'un le comte Charles fut l'oncle de Marie-Emilie-Julie de Béthune-Saint-Venant, mariée à Louis-Gérard-Joseph-Emmanuel, baron d'Huart (12e degré), et marraine d'Anne-Marie-Joseph-Charles-Emile-Jean, baron d'Huart (14e degré).

BONY-LAVERGNE.

De gueules, à trois besants d'argent posés 2 et 1.

Famille d'ancienne noblesse, titrée de marquis et de comte, toute militaire et des plus belles alliances connues. Elle a recueilli des documents qui remontent son origine aux premiers siècles de notre ère, au général franc appelé *Bonit.* (*Histoire du Bas-Empire*, t. I, livr. III, et t. II, liv. VIII, Paris, 1757-1758). Après être restée plusieurs siècles en Italie, une de ses branches vint s'établir en France dans la province du Limousin, à l'époque des premières croisades. Elle y posséda de grands fiefs et un de ses descendants a conservé au château de Lavergne des armures en usage au moyen âge et qui attestent l'ancienneté de cette famille.

Le baron Victor d'Huart (12e degré) épousa en 1831 Françoise-Adèle, comtesse de Bony-Lavergne, qui fut la mère du *baron Guisbert d'Huart* (13e degré).

Poitiers. — Imprimerie-Librairie E. MARCHE.

www.ingramcontent.com/pod-product-compliance
Lightning Source LLC
Chambersburg PA
CBHW060812280326
41934CB00010B/2659